AF111705

Informacje osobiste:	
Nazwa:	Data urodzenia:
Adres:	
Adres biznesowy:	
Email:	
Telefon komórkowy:	
Telefon domowy:	
Faks:	

Kontakt w naglych wypadkach	
Nazwa:	Relacja:
Adres:	
Telefon komórkowy:	
Telefon domowy:	
Email:	

Notatki

Rok: ________ Miesiąc: ________ Model: ________

Data / Czas	Olej wymieniony	Filtr powietrza	Zrównoważyć opony	Centrowanie koła	Filtr paliwa	Hamulce serwisowane	Świece zapłonowe	Przenoszenie	Pióra wycieraczek	Baterie	Kaloryfer	Pasy i konie	Przebieg

robić: Data zakupu:

Model: cena zakupu:

tablica rejestracyjna: zakupiona forma:

DATA/CZAS	KONSERWACJA/KOMENTARZE	PRZEBIEG

Uwagi:

Rok: __________ Miesiąc: __________ Model: __________

Data / Czas	Olej wymieniony	Filtr powietrza	Zrównoważyć opony	Centrowanie koła	Filtr paliwa	Hamulce serwisowane	Świece zapłonowe	Przenoszenie	Pióra wycieraczek	Baterie	Kaloryfer	Pasy i konie	Przebieg

robić: Data zakupu:

Model: cena zakupu:

tablica rejestracyjna: zakupiona forma:

DATA/CZAS	KONSERWACJA/KOMENTARZE	PRZEBIEG

Uwagi:

Rok: ____________ Miesiąc: ____________ Model: ____________

Data / Czas	Olej wymieniony	Filtr powietrza	Zrównoważyć opony	Centrowanie koła	Filtr paliwa	Hamulce serwisowane	Świece zapłonowe	Przenoszenie	Pióra wycieraczek	Baterie	Kaloryfer	Pasy i konie	Przebieg

robić: Data zakupu:

Model: cena zakupu:

tablica rejestracyjna: zakupiona forma:

DATA/CZAS	KONSERWACJA/KOMENTARZE	PRZEBIEG

Uwagi:

Rok: ____________ Miesiąc: ____________ Model: ____________

Data / Czas	Olej wymieniony	Filtr powietrza	Zrównoważyć opony	Centrowanie koła	Filtr paliwa	Hamulce serwisowane	Świece zapłonowe	Przenoszenie	Pióra wycieraczek	Baterie	Kaloryfer	Pasy i konie	Przebieg

robić: Data zakupu:

Model: cena zakupu:

tablica rejestracyjna: zakupiona forma:

DATA/CZAS	KONSERWACJA/KOMENTARZE	PRZEBIEG

Uwagi:

Rok: ________ **Miesiąc:** ________ **Model:** ________

Data / Czas	Olej wymieniony	Filtr powietrza	Zrównoważyć opony	Centrowanie koła	Filtr paliwa	Hamulce serwisowane	Świece zapłonowe	Przenoszenie	Pióra wycieraczek	Baterie	Kaloryfer	Pasy i konie	Przebieg 

robić: Data zakupu:

Model: cena zakupu:

tablica rejestracyjna: zakupiona forma:

DATA/CZAS	KONSERWACJA/KOMENTARZE	PRZEBIEG

Uwagi:

Rok: ____________ Miesiąc: ____________ Model: ____________

Data / Czas	Olej wymieniony	Filtr powietrza	Zrównoważyć opony	Centrowanie koła	Filtr paliwa	Hamulce serwisowane	Świece zapłonowe	Przenoszenie	Pióra wycieraczek	Baterie	Kaloryfer	Pasy i konie	Przebieg

robić: Data zakupu:

Model: cena zakupu:

tablica rejestracyjna: zakupiona forma:

DATA/CZAS	KONSERWACJA/KOMENTARZE	PRZEBIEG

Uwagi:

Rok: ________ **Miesiąc:** ________ **Model:** ________

Data / Czas	olej wymieniony	Filtr powietrza	Zrównoważyć opony	Centrowanie koła	Filtr paliwa	Hamulce serwisowane	Świece zapłonowe	Przenoszenie	Pióra wycieraczek	Baterie	Kaloryfer	Pasy i konie	Przebieg

robić:

Data zakupu:

Model:

cena zakupu:

tablica rejestracyjna:

zakupiona forma:

DATA/CZAS	KONSERWACJA/KOMENTARZE	PRZEBIEG

Uwagi:

Rok: ________ Miesiąc: ________ Model: ________

Data / Czas	Olej wymieniony	Filtr powietrza	Zrównoważyć opony	Centrowanie koła	Filtr paliwa	Hamulce serwisowane	Świece zapłonowe	Przenoszenie	Pióra wycieraczek	Baterie	Kaloryfer	Pasy i konie	Przebieg

robić:

Data zakupu:

Model:

cena zakupu:

tablica rejestracyjna:

zakupiona forma:

DATA/CZAS	KONSERWACJA/KOMENTARZE	PRZEBIEG

Uwagi:

Rok: ____________ Miesiąc: ____________ Model: ____________

Data / Czas	Olej wymieniony	Filtr powietrza	Zrównoważyć opony	Centrowanie koła	Filtr paliwa	Hamulce serwisowane	Świece zapłonowe	Przenoszenie	Pióra wycieraczek	Baterie	Kaloryfer	Pasy i konie	Przebieg

robić: Data zakupu:

Model: cena zakupu:

tablica rejestracyjna: zakupiona forma:

DATA/CZAS	KONSERWACJA/KOMENTARZE	PRZEBIEG

Uwagi:

Rok: ________ Miesiąc: ________ Model: ________

Data / Czas	Olej wymieniony	Filtr powietrza	Zrównoważyć opony	Centrowanie koła	Filtr paliwa	Hamulce serwisowane	Świece zapłonowe	Przenoszenie	Pióra wycieraczek	Baterie	Kaloryfer	Pasy i konie	Przebieg

robić:

Data zakupu:

Model:

cena zakupu:

tablica rejestracyjna:

zakupiona forma:

Data/Czas	Konserwacja/Komentarze	Przebieg

Uwagi:

Rok: ________ **Miesiąc:** ________ **Model:** ________

Data / Czas	Olej wymieniony	Filtr powietrza	Zrównoważyć opony	Centrowanie koła	Filtr paliwa	Hamulce serwisowane	Świece zapłonowe	Przenoszenie	Pióra wycieraczek	Baterie	Kaloryfer	Pasy i konie	Przebieg

robić:

Data zakupu:

Model:

cena zakupu:

tablica rejestracyjna:

zakupiona forma:

DATA/CZAS	KONSERWACJA/KOMENTARZE	PRZEBIEG

Uwagi:

Rok: ________ Miesiąc: ________ Model: ________

Data / Czas	Olej wymieniony	Filtr powietrza	Zrównoważyć opony	Centrowanie koła	Filtr paliwa	Hamulce serwisowane	Świece zapłonowe	Przenoszenie	Pióra wycieraczek	Baterie	Kaloryfer	Pasy i konie	Przebieg

robić: Data zakupu:

Model: cena zakupu:

tablica rejestracyjna: zakupiona forma:

DATA/CZAS	KONSERWACJA/KOMENTARZE	PRZEBIEG

Uwagi:

Rok: ______ **Miesiąc:** ______ **Model:** ______

Data / Czas	Olej wymieniony	Filtr powietrza	zrównoważyć opony	Centrowanie koła	Filtr paliwa	Hamulce serwisowane	Świece zapłonowe	Przenoszenie	Pióra wycieraczek	Baterie	Kaloryfer	Pasy i konie	Przebieg

robić: Data zakupu:

Model: cena zakupu:

tablica rejestracyjna: zakupiona forma:

DATA/CZAS	KONSERWACJA/KOMENTARZE	PRZEBIEG

Uwagi:

Rok: ____________ **Miesiąc:** ____________ **Model:** ____________

Data / Czas	Olej wymieniony	Filtr powietrza	Zrównoważyć opony	Centrowanie koła	Filtr paliwa	Hamulce serwisowane	Świece zapłonowe	Przenoszenie	Pióra wycieraczek	Baterie	Kaloryfer	Pasy i konie	Przebieg

robić: Data zakupu:

Model: cena zakupu:

tablica rejestracyjna: zakupiona forma:

DATA/CZAS	KONSERWACJA/KOMENTARZE	PRZEBIEG

Uwagi:

Rok: ________ Miesiąc: ________ Model: ________

Data / Czas	Olej wymieniony	Filtr powietrza	Zrównoważyć opony	Centrowanie koła	Filtr paliwa	Hamulce serwisowane	Świece zapłonowe	Przenoszenie	Pióra wycieraczek	Baterie	Kaloryfer	Pasy i konie	Przebieg

robić: Data zakupu:

Model: cena zakupu:

tablica rejestracyjna: zakupiona forma:

DATA/CZAS	KONSERWACJA/KOMENTARZE	PRZEBIEG

Uwagi:

Rok: ________ **Miesiąc:** ________ **Model:** ________

Data / Czas	Olej wymieniony	Filtr powietrza	Zrównoważyć opony	Centrowanie koła	Filtr paliwa	Hamulce serwisowane	Świece zapłonowe	Przenoszenie	Pióra wycieraczek	Baterie	Kaloryfer	Pasy i konie	Przebieg

robić: Data zakupu:

Model: cena zakupu:

tablica rejestracyjna: zakupiona forma:

DATA/CZAS	KONSERWACJA/KOMENTARZE	PRZEBIEG

Uwagi:

Rok: ______ **Miesiąc:** ______ **Model:** ______

Data / Czas	Olej wymieniony	Filtr powietrza	Zrównoważyć opony	Centrowanie koła	Filtr paliwa	Hamulce serwisowane	Świece zapłonowe	Przenoszenie	Pióra wycieraczek	Baterie	Kaloryfer	Pasy i konie	Przebieg

robić: Data zakupu:

Model: cena zakupu:

tablica rejestracyjna: zakupiona forma:

DATA/CZAS	KONSERWACJA/KOMENTARZE	PRZEBIEG

Uwagi:

Rok: __________ Miesiąc: __________ Model: __________

Data / Czas	Olej wymieniony	Filtr powietrza	Zrównoważyć opony	Centrowanie koła	Filtr paliwa	Hamulce serwisowane	Świece zapłonowe	Przenoszenie	Pióra wycieraczek	Baterie	Kaloryfer	Pasy i konie	Przebieg

robić: Data zakupu:

Model: cena zakupu:

tablica rejestracyjna: zakupiona forma:

DATA/CZAS	KONSERWACJA/KOMENTARZE	PRZEBIEG

Uwagi:

Rok: ____________ Miesiąc: ____________ Model: ____________

Data / Czas	Olej wymieniony	Filtr powietrza	Zrównoważyć opony	Centrowanie koła	Filtr paliwa	Hamulce serwisowane	Świece zapłonowe	Przenoszenie	Pióra wycieraczek	Baterie	Kaloryfer	Pasy i konie	Przebieg

robić: Data zakupu:

Model: cena zakupu:

tablica rejestracyjna: zakupiona forma:

DATA/CZAS	KONSERWACJA/KOMENTARZE	PRZEBIEG

Uwagi:

Rok: __________ Miesiąc: __________ Model: __________

Data / Czas	Olej wymieniony	Filtr powietrza	Zrównoważyć opony	Centrowanie koła	Filtr paliwa	Hamulce serwisowane	Świece zapłonowe	Przenoszenie	Pióra wycieraczek	Baterie	Kaloryfer	Pasy i konie	Przebieg

robić: Data zakupu:

Model: cena zakupu:

tablica rejestracyjna: zakupiona forma:

DATA/CZAS	KONSERWACJA/KOMENTARZE	PRZEBIEG

Uwagi:

Rok: ________ **Miesiąc:** ________ **Model:** ________

Data / Czas	Olej wymieniony	Filtr powietrza	Zrównoważyć opony	Centrowanie koła	Filtr paliwa	Hamulce serwisowane	Świece zapłonowe	Przenoszenie	Pióra wycieraczek	Baterie	Kaloryfer	Pasy i konie	Przebieg

robić:

Data zakupu:

Model:

cena zakupu:

tablica rejestracyjna:

zakupiona forma:

DATA/CZAS	KONSERWACJA/KOMENTARZE	PRZEBIEG

Uwagi:

Rok: ____________ Miesiąc: ____________ Model: ____________

Data / Czas	Olej wymieniony	Filtr powietrza	Zrównoważyć opony	Centrowanie koła	Filtr paliwa	Hamulce serwisowane	Świece zapłonowe	Przenoszenie	Pióra wycieraczek	Baterie	Kaloryfer	Pasy i konie	Przebieg

robić:

Data zakupu:

Model:

cena zakupu:

tablica rejestracyjna:

zakupiona forma:

DATA/CZAS	KONSERWACJA/KOMENTARZE	PRZEBIEG

Uwagi:

Rok: ________ Miesiąc: ________ Model: ________

Data / Czas	Olej wymieniony	Filtr powietrza	Zrównoważyć opony	Centrowanie koła	Filtr paliwa	Hamulce serwisowane	Świece zapłonowe	Przenoszenie	Pióra wycieraczek	Baterie	Kaloryfer	Pasy i konie	Przebieg

robić: Data zakupu:

Model: cena zakupu:

tablica rejestracyjna: zakupiona forma:

Data/Czas	Konserwacja/Komentarze	Przebieg

Uwagi:

Rok: ________ **Miesiąc:** ________ **Model:** ________

Data / Czas	Olej wymieniony	Filtr powietrza	Zrównoważyć opony	Centrowanie koła	Filtr paliwa	Hamulce serwisowane	Świece zapłonowe	Przenoszenie	Pióra wycieraczek	Baterie	Kaloryfer	Pasy i konie	Przebieg

robić:

Data zakupu:

Model:

cena zakupu:

tablica rejestracyjna:

zakupiona forma:

DATA/CZAS	KONSERWACJA/KOMENTARZE	PRZEBIEG

Uwagi:

Rok: ____________ Miesiąc: ____________ Model: ____________

Data / Czas	Olej wymieniony	Filtr powietrza	Zrównoważyć opony	Centrowanie koła	Filtr paliwa	Hamulce serwisowane	Świece zapłonowe	Przenoszenie	Pióra wycieraczek	Baterie	Kaloryfer	Pasy i konie	Przebieg

robić: Data zakupu:

Model: cena zakupu:

tablica rejestracyjna: zakupiona forma:

DATA/CZAS	KONSERWACJA/KOMENTARZE	PRZEBIEG

Uwagi:

Rok: ____________ Miesiąc: ____________ Model: ____________

Data / Czas	Olej wymieniony	Filtr powietrza	Zrównoważyć opony	Centrowanie koła	Filtr paliwa	Hamulce serwisowane	Świece zapłonowe	Przenoszenie	Pióra wycieraczek	Baterie	Kaloryfer	Pasy i konie	Przebieg

robić:

Data zakupu:

Model:

cena zakupu:

tablica rejestracyjna:

zakupiona forma:

Data/Czas	Konserwacja/Komentarze	Przebieg

Uwagi:

Rok: __________ Miesiąc: __________ Model: __________

Data / Czas	Olej wymieniony	Filtr powietrza	Zrównoważyć opony	Centrowanie koła	Filtr paliwa	Hamulce serwisowane	Świece zapłonowe	Przenoszenie	Pióra wycieraczek	Baterie	Kaloryfer	Pasy i konie	Przebieg

robić:

Data zakupu:

Model:

cena zakupu:

tablica rejestracyjna:

zakupiona forma:

DATA/CZAS	KONSERWACJA/KOMENTARZE	PRZEBIEG

Uwagi:

Rok: ____________ Miesiąc: ____________ Model: ____________

Data / Czas	Olej wymieniony	Filtr powietrza	Zrównoważyć opony	Centrowanie koła	Filtr paliwa	Hamulce serwisowane	Świece zapłonowe	Przenoszenie	Pióra wycieraczek	Baterie	Kaloryfer	Pasy i konie	Przebieg

robić: Data zakupu:

Model: cena zakupu:

tablica rejestracyjna: zakupiona forma:

Data/Czas	Konserwacja/Komentarze	Przebieg

Uwagi:

Rok: ________ **Miesiąc:** ________ **Model:** ________

Data / Czas	Olej wymieniony	Filtr powietrza	Zrównoważyć opony	Centrowanie koła	Filtr paliwa	Hamulce serwisowane	Świece zapłonowe	Przenoszenie	Pióra wycieraczek	Baterie	Kaloryfer	Pasy i konie	Przebieg

robić:

Data zakupu:

Model:

cena zakupu:

tablica rejestracyjna:

zakupiona forma:

DATA/CZAS	KONSERWACJA/KOMENTARZE	PRZEBIEG

Uwagi:

Rok: ________ Miesiąc: ________ Model: ________

Data / Czas	Olej wymieniony	Filtr powietrza	Zrównoważyć opony	Centrowanie koła	Filtr paliwa	Hamulce serwisowane	Świece zapłonowe	Przenoszenie	Pióra wycieraczek	Baterie	Kaloryfer	Pasy i konie	Przebieg

robić: Data zakupu:

Model: cena zakupu:

tablica rejestracyjna: zakupiona forma:

DATA/CZAS	KONSERWACJA/KOMENTARZE	PRZEBIEG

Uwagi:

Rok: ____________ **Miesiąc:** ____________ **Model:** ____________

Data / Czas	Olej wymieniony	Filtr powietrza	Zrównoważyć opony	Centrowanie koła	Filtr paliwa	Hamulce serwisowane	Świece zapłonowe	Przenoszenie	Pióra wycieraczek	Baterie	Kaloryfer	Pasy i konie	Przebieg

robić: Data zakupu:

Model: cena zakupu:

tablica rejestracyjna: zakupiona forma:

Data/Czas	Konserwacja/Komentarze	Przebieg

Uwagi:

Rok: ________ **Miesiąc:** ________ **Model:** ________

Data / Czas	Olej wymieniony	Filtr powietrza	Zrównoważyć opony	Centrowanie koła	Filtr paliwa	Hamulce serwisowane	Świece zapłonowe	Przenoszenie	Pióra wycieraczek	Baterie	Kaloryfer	Pasy i konie	Przebieg

robić:

Data zakupu:

Model:

cena zakupu:

tablica rejestracyjna:

zakupiona forma:

DATA/CZAS	KONSERWACJA/KOMENTARZE	PRZEBIEG

Uwagi:

Rok: ____________ Miesiąc: ____________ Model: ____________

Data / Czas	Olej wymieniony	Filtr powietrza	Zrównoważyć opony	Centrowanie koła	Filtr paliwa	Hamulce serwisowane	Świece zapłonowe	Przenoszenie	Pióra wycieraczek	Baterie	Kaloryfer	Pasy i konie	Przebieg

robić: Data zakupu:

Model: cena zakupu:

tablica rejestracyjna: zakupiona forma:

DATA/CZAS	KONSERWACJA/KOMENTARZE	PRZEBIEG

Uwagi:

Rok: ____________ **Miesiąc:** ____________ **Model:** ____________

Data / Czas	Olej wymieniony	Filtr powietrza	Zrównoważyć opony	Centrowanie koła	Filtr paliwa	Hamulce serwisowane	Świece zapłonowe	Przenoszenie	Pióra wycieraczek	Baterie	Kaloryfer	Pasy i konie	Przebieg

robić:

Data zakupu:

Model:

cena zakupu:

tablica rejestracyjna:

zakupiona forma:

DATA/CZAS	KONSERWACJA/KOMENTARZE	PRZEBIEG

Uwagi:

Rok: ________ **Miesiąc:** ________ **Model:** ________

Data / Czas	Olej wymieniony	Filtr powietrza	Zrównoważyć opony	Centrowanie koła	Filtr paliwa	Hamulce serwisowane	Świece zapłonowe	Przenoszenie	Pióra wycieraczek	Baterie	Kaloryfer	Pasy i konie	Przebieg

robić: Data zakupu:

Model: cena zakupu:

tablica rejestracyjna: zakupiona forma:

DATA/CZAS	KONSERWACJA/KOMENTARZE	PRZEBIEG

Uwagi:

Rok: ________ Miesiąc: ________ Model: ________

Data / Czas	Olej wymieniony	Filtr powietrza	Zrównoważyć opony	Centrowanie koła	Filtr paliwa	Hamulce serwisowane	Świece zapłonowe	Przenoszenie	Pióra wycieraczek	Baterie	Kaloryfer	Pasy i konie	Przebieg

robić:

Data zakupu:

Model:

cena zakupu:

tablica rejestracyjna:

zakupiona forma:

DATA/CZAS	KONSERWACJA/KOMENTARZE	PRZEBIEG

Uwagi:

Rok: __________ Miesiąc: __________ Model: __________

Data / Czas	Olej wymieniony	Filtr powietrza	Zrównoważyć opony	Centrowanie koła	Filtr paliwa	Hamulce serwisowane	Świece zapłonowe	Przenoszenie	Pióra wycieraczek	Baterie	Kaloryfer	Pasy i konie	Przebieg

robić:

Data zakupu:

Model:

cena zakupu:

tablica rejestracyjna:

zakupiona forma:

DATA/CZAS	KONSERWACJA/KOMENTARZE	PRZEBIEG

Uwagi:

Rok: ________ **Miesiąc:** ________ **Model:** ________

Data / Czas	Olej wymieniony	Filtr powietrza	Zrównoważyć opony	Centrowanie koła	Filtr paliwa	Hamulce serwisowane	Świece zapłonowe	Przenoszenie	Pióra wycieraczek	Baterie	Kaloryfer	Pasy i konie	Przebieg

robić: Data zakupu:

Model: cena zakupu:

tablica rejestracyjna: zakupiona forma:

DATA/CZAS	KONSERWACJA/KOMENTARZE	PRZEBIEG

Uwagi:

Rok: ____________ Miesiąc: ____________ Model: ____________

Data / Czas	Olej wymieniony	Filtr powietrza	Zrównoważyć opony	Centrowanie koła	Filtr paliwa	Hamulce serwisowane	Świece zapłonowe	Przenoszenie	Pióra wycieraczek	Baterie	Kaloryfer	Pasy i konie	Przebieg

robić: Data zakupu:

Model: cena zakupu:

tablica rejestracyjna: zakupiona forma:

DATA/CZAS	KONSERWACJA/KOMENTARZE	PRZEBIEG

Uwagi:

Rok: ________ Miesiąc: ________ Model: ________

Data / Czas	Olej wymieniony	Filtr powietrza	Zrównoważyć opony	Centrowanie koła	Filtr paliwa	Hamulce serwisowane	Świece zapłonowe	Przenoszenie	Pióra wycieraczek	Baterie	Kaloryfer	Pasy i konie	Przebieg

robić: Data zakupu:

Model: cena zakupu:

tablica rejestracyjna: zakupiona forma:

DATA/CZAS	KONSERWACJA/KOMENTARZE	PRZEBIEG

Uwagi:

Rok: ________ **Miesiąc:** ________ **Model:** ________

Data / Czas	Olej wymieniony	Filtr powietrza	Zrównoważyć opony	Centrowanie koła	Filtr paliwa	Hamulce serwisowane	Świece zapłonowe	Przenoszenie	Pióra wycieraczek	Baterie	Kaloryfer	Pasy i konie	Przebieg

robić:

Data zakupu:

Model:

cena zakupu:

tablica rejestracyjna:

zakupiona forma:

DATA/CZAS	KONSERWACJA/KOMENTARZE	PRZEBIEG

Uwagi:

Rok: ________ Miesiąc: ________ Model: ________

Data / Czas	Olej wymieniony	Filtr powietrza	Zrównoważyć opony	Centrowanie koła	Filtr paliwa	Hamulce serwisowane	Świece zapłonowe	Przenoszenie	Pióra wycieraczek	Baterie	Kaloryfer	Pasy i konie	Przebieg

robić: Data zakupu:

Model: cena zakupu:

tablica rejestracyjna: zakupiona forma:

Data/Czas	Konserwacja/Komentarze	Przebieg

Uwagi:

Rok: ____________ Miesiąc: ____________ Model: ____________

Data / Czas	Olej wymieniony	Filtr powietrza	Zrównoważyć opony	Centrowanie koła	Filtr paliwa	Hamulce serwisowane	Świece zapłonowe	Przenoszenie	Pióra wycieraczek	Baterie	Kaloryfer	Pasy i konie	Przebieg

robić: Data zakupu:

Model: cena zakupu:

tablica rejestracyjna: zakupiona forma:

DATA/CZAS	KONSERWACJA/KOMENTARZE	PRZEBIEG

Uwagi:

Rok: __________ Miesiąc: __________ Model: __________

Data / Czas	Olej wymieniony	Filtr powietrza	Zrównoważyć opony	Centrowanie koła	Filtr paliwa	Hamulce serwisowane	Świece zapłonowe	Przenoszenie	Pióra wycieraczek	Baterie	Kaloryfer	Pasy i konie	Przebieg

robić: Data zakupu:

Model: cena zakupu:

tablica rejestracyjna: zakupiona forma:

DATA/CZAS	KONSERWACJA/KOMENTARZE	PRZEBIEG

Uwagi:

Rok: ________ Miesiąc: ________ Model: ________

Data / Czas	Olej wymieniony	Filtr powietrza	Zrównoważyć opony	Centrowanie koła	Filtr paliwa	Hamulce serwisowane	Świece zapłonowe	Przenoszenie	Pióra wycieraczek	Baterie	Kaloryfer	Pasy i konie	Przebieg

robić: Data zakupu:

Model: cena zakupu:

tablica rejestracyjna: zakupiona forma:

Data/Czas	Konserwacja/Komentarze	Przebieg

Uwagi:

www.ingramcontent.com/pod-product-compliance
Lightning Source LLC
LaVergne TN
LVHW020428080526
838202LV00055B/5086
* 9 7 8 3 9 8 6 0 8 0 6 7 9 *